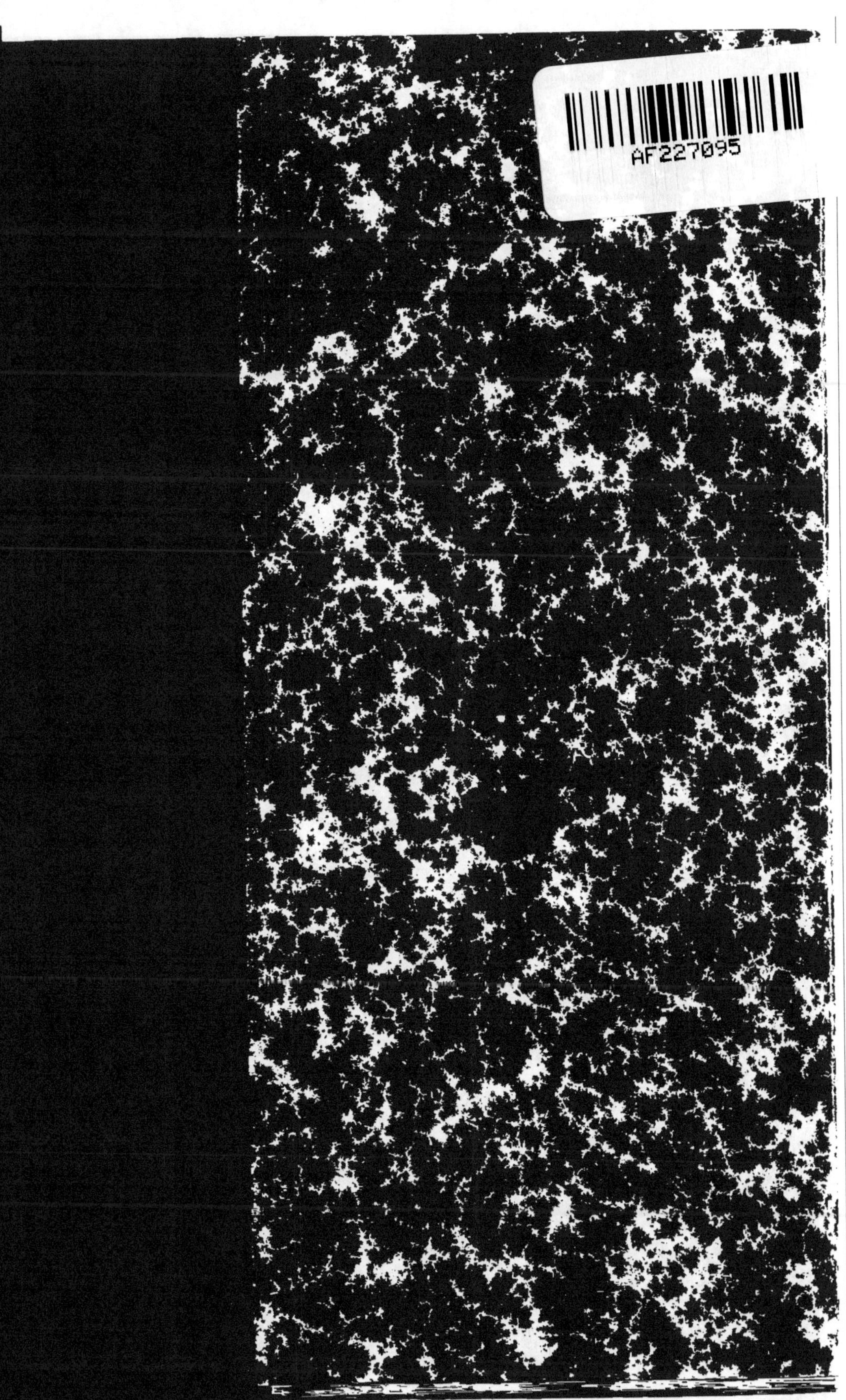
AF227095

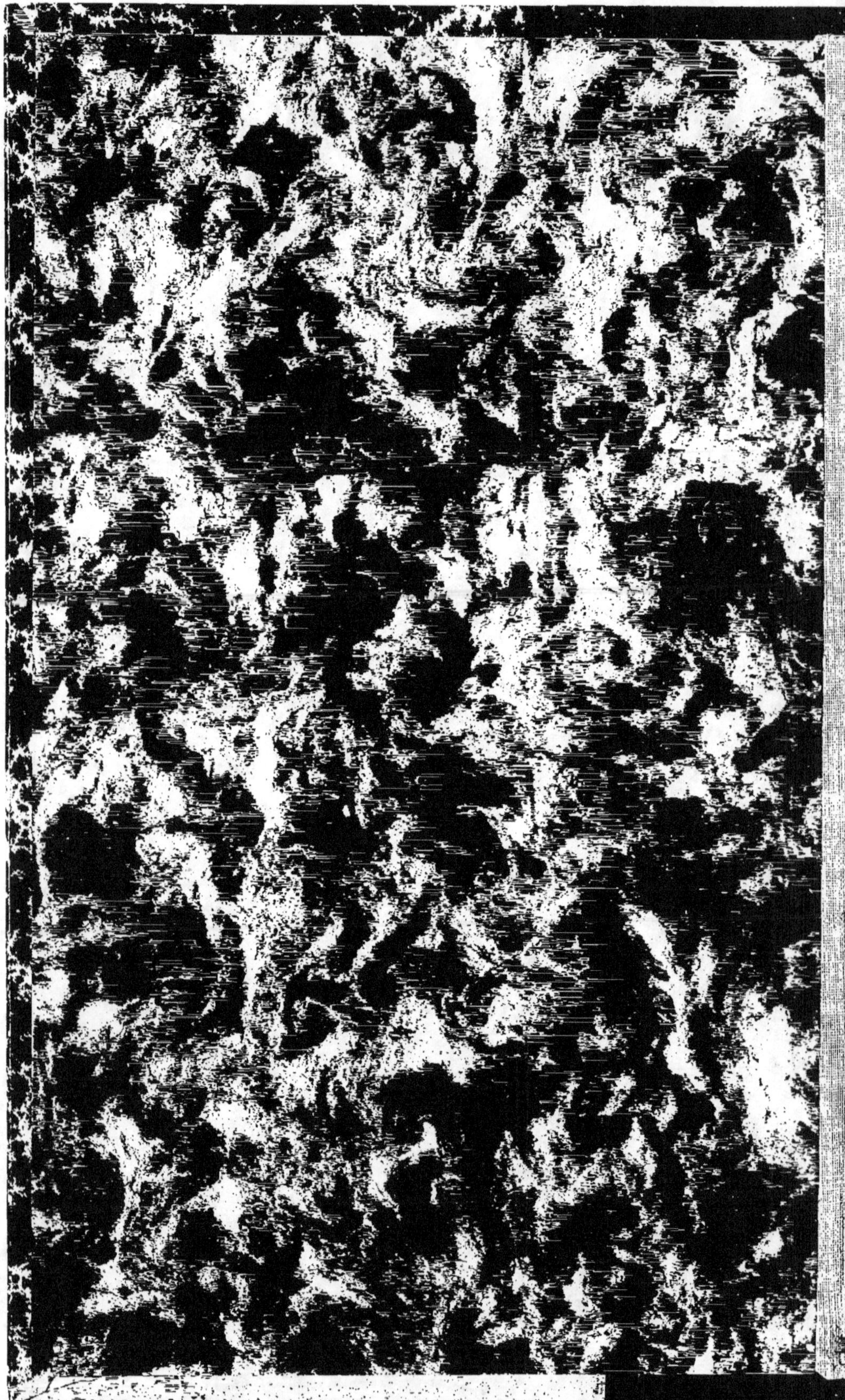

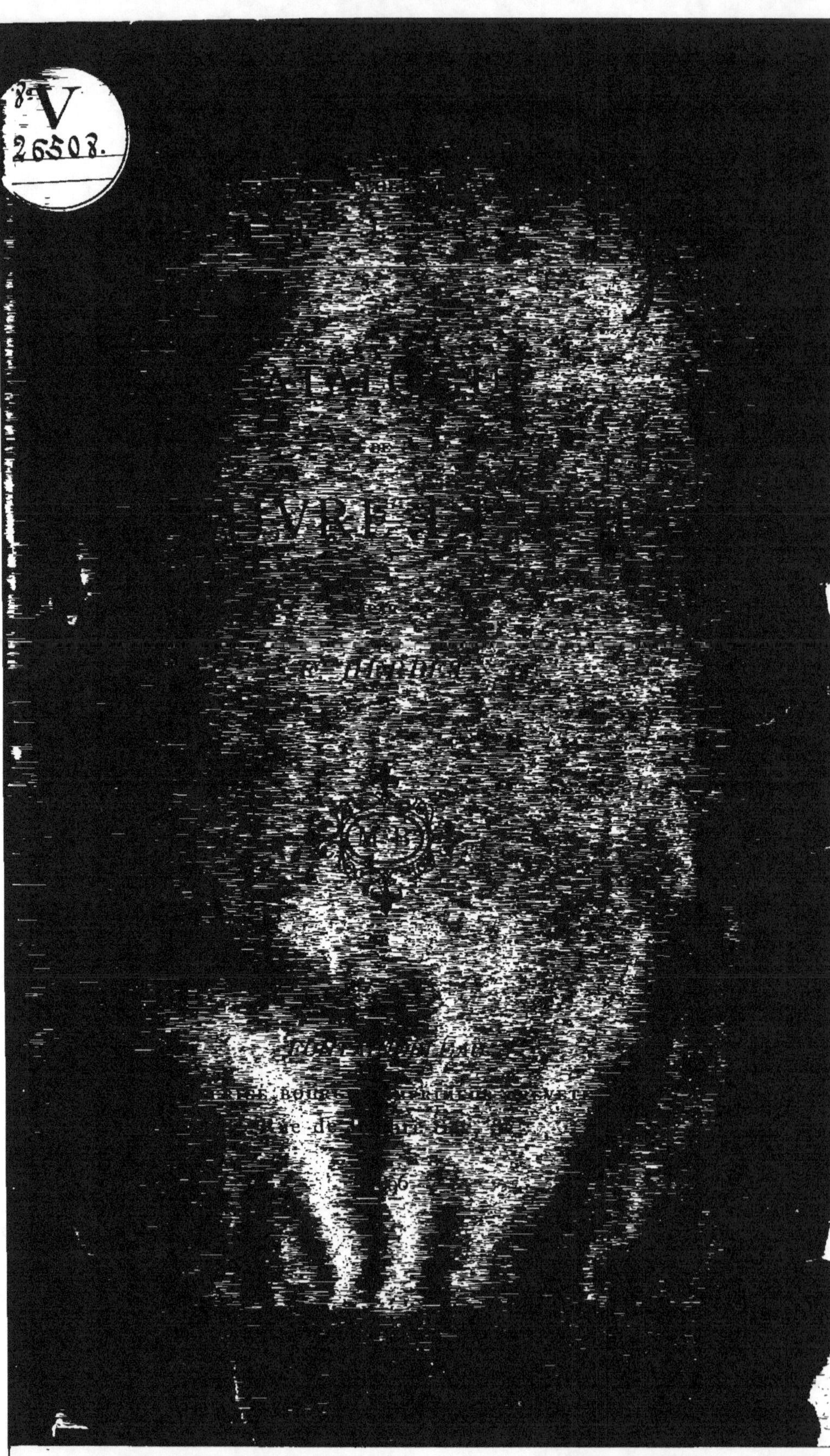
8°
V
26503.

Extrait des *Annales de la Société historique et archéologique du Gâtinais (1896).*

Tiré à 50 exemplaires.

CATALOGUE

DE

L'OEUVRE DE L. D.

PAR

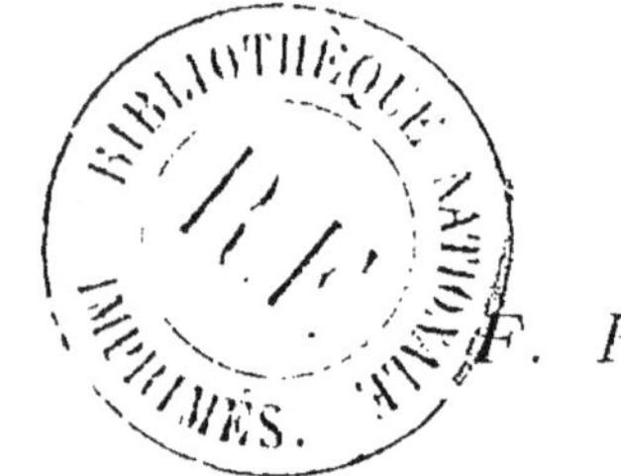

F. HERBET

FONTAINEBLEAU

MAURICE BOURGES, IMPRIMEUR BREVETÉ

Rue de l'Arbre-Sec, 32

1896

I.

CATALOGUE DE L'OEUVRE DE L. D.

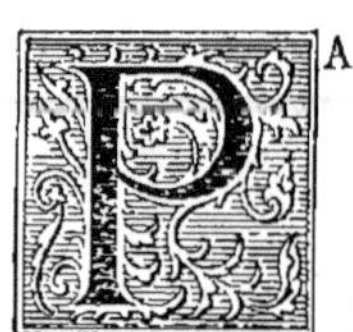ARMI les graveurs de l'École de Fontaine-bleau, le plus fécond est celui qui a signé ses planches des initiales L. D. Leur nombre peut monter à près de 200, si l'on s'en tient à celles qui sont incontestablement sorties de sa main et qui portent sa marque; il dé-passe notablement ce chiffre si l'on y ajoute celles qui lui sont attribuées avec la plus grande vraisem-blance par divers iconographes. Le catalogue de Bartsch, qui ne contient que 69 numéros, est donc tout à fait incomplet, et les additions de Passavant qui portent l'œuvre à 120 pièces sont encore bien insuffisantes. Sans avoir la prétention de ne rien omettre, nous présentons ici au lecteur un catalogue de 226 numéros[1].

Cet œuvre n'est pas seulement important par le

---

1. M. Robert-Dumesnil avait promis de publier ce catalogue rendu nécessaire, dit-il, par l'exiguïté de celui de Bartsch (t. VIII, p. 32); mais il n'en a rien fait.

nombre; il est intéressant par sa grande variété. Sujets religieux, historiques et mythologiques, allégories, antiquités romaines, costumes, paysages, tout cela s'y rencontre. L. D. est, avant tout, le graveur du Primatice; il nous a conservé, de cet artiste, les dessins d'une grande partie des peintures qui décoraient le château de Fontainebleau et dont la plupart ont disparu : ses estampes ont donc pour nous un prix tout particulier.

Quant à son talent, il a été apprécié très favorablement par M. Renouvier qui a fait de sa manière une étude approfondie[1]. Tantôt, dans les eaux fortes, son dessin strapassé et négligé n'en est pas moins remarquable par la *maestria* et la science de l'effet; tantôt son burin régulier, correct, serré, se rapproche du genre des Mantouans; ailleurs il grave en hachures fines et allongées d'une façon vive; parfois il les dispose avec une sobriété, une finesse, un effet tout nouveau; son dessin devient alors d'une adresse et d'une élégance qui le placent hors ligne. En résumé, pour M. Renouvier, sa manière inventive, féconde, variée, échappe à toute filiation : c'est le graveur capital de l'École.

M. Philippe Burty, par un rapprochement inattendu, va nous donner du talent de L. D. une vive et nouvelle impression. Dans un article[2] sur Jean-François Millet, l'illustre auteur de *l'Angelus* et de tant de chefs d'œuvre, il signale une analogie remarquable entre les eaux fortes du maître contemporain

---

1. *Des types et des manières de graveurs*, Montpellier, 1854 [xviᵉ siècle], p. 177.
2. *Gazette des Beaux-Arts*, t. XI, p. 262.

et celles du graveur du xvie siècle, dont il loue la sobriété, l'effet décoratif, et l'allure quelque peu sauvage. Cette comparaison donne une idée assez juste de la manière de l'auteur des estampes que nous allons énumérer.

Quel est cet artiste ? Bartsch l'appelle *Léon Davent;* Heinecken, *Leo Daris;* Basan, *Christophe-Léon Davene;* Brulliot, Passavant et Renouvier, *Léonard Thiry.*

Pendant fort longtemps, il a été désigné sous le nom de Léon Davent, qui n'apprenait rien de plus que les initiales L. D. sur la personnalité de l'auteur. Qu'est-ce qu'un nom, si nous ne savons rien de l'homme qui l'a porté, rien de sa naissance, de sa mort, rien de son pays, de ses maîtres, de ses élèves, des particularités de sa vie? M. Brulliot a cru pouvoir percer ce mystère; il a voulu, suivant en cela les indications qui lui étaient fournies par les notes de Mariette, identifier Léon Davent, L. D., avec Léonard Thiry, peintre flamand qui travaillait à Fontainebleau sous les ordres du Rosso. Cette hypothèse a été acceptée sans protestation par le monde savant, et les rédacteurs de catalogues, à commencer par Robert-Dumesnil, n'ont plus désigné notre graveur que sous le nom de Léonard Thiry, ex-Léon Davent.

Nous nous proposons ici de rechercher quel nom se cache sous les initiales L. D., et si nos observations n'ont pour résultat que des conclusions négatives, elles auront du moins servi à débrouiller quelques fils de cet écheveau compliqué qui constitue l'œuvre des graveurs de l'École de Fontainebleau.

§ I. — Léonard Thiry?

Que sait-on de Léonard Thiry?

Vasari fait mention d'un disciple du Rosso qu'il appelle *Leonardo Fiamingo, pittore molto valente*, fort habile à mettre en couleur les dessins de son maître.

Dans les *Comptes des Bastimens du Roy*, publiés par le marquis de Laborde, on trouve parmi les peintres qui ont besongné aux ouvrages de stuc et de peinture faits en la grande galerie du château de Fontainebleau, Lyénard Tyri, peintre, qui reçoit 15 livres par mois en octobre 1536, puis 20 livres à partir du mois suivant. Le même artiste est encore cité dans les comptes des années 1537 à 1540 et 1540 à 1550. Après cette date, son nom n'apparaît plus nulle part.

Remarquons, en passant, que 20 livres par mois ne constituent pas un salaire médiocre. Le Rosso et le Primatice seuls touchent un traitement supérieur; mais Antoine Fantoze, Laurens Regnaudin, Dominique Florentin ne reçoivent pas davantage.

M. Champollion-Figeac a fait cette observation judicieuse que le Rosso et le Primatice étaient placés, chacun, à la tête d'un groupe d'artistes, d'une équipe d'ouvriers, chargés de travaux distincts. Il est à noter que Lyénard Tyri fait partie du groupe du Rosso : ce qui s'accorde avec l'indication de Vasari.

Il ne subsiste, à notre connaissance, aucun tableau qui puisse être attribué à ce peintre, si estimé, semble-t-il, de ses contemporains; mais il est l'auteur de plusieurs suites de dessins qui ont été gravées. C'est d'abord l'histoire de Jason en 25 estampes décrites par Robert-Dumesnil dans l'œuvre de Réné Boyvin : elles sont remarquables par les ornements dont les sujets sont encadrés. Dans sa dédicace au roi, Jehan de Meauregard, l'éditeur, dit : « J'en ai » faict desseigner et pourtraire curieusement les fi- » gures par Léonard Thyri de Belges, et après faict » tailler en cuivre par Réné Boyvin, natif d'Angers, » n'y espargnant ni les frais ni la sollicitude, en es- » pérance de vous en faire présent. » La dernière planche de la suite porte ces inscriptions : à gauche, *Leonardus · Thiri · inve.;* à droite, *Renatus · F.*

Le même Réné Boyvin a gravé une suite de 20 estampes, offrant des panneaux d'ornement animés des divinités païennes. La première porte cette inscription : *Leonardus Theodoricus inventor*[1].

Coïncidence curieuse : dans les éditions postérieures de chacune de ces deux suites, le nom du Rosso a été substitué à celui de son élève.

Puis nous trouvons dans l'œuvre de Ducerceau une suite de douze planches en hauteur, représentant des fragments antiques, c'est-à-dire des ruines, précédée d'un avis aux lecteurs qui indique Léonard Thiry comme l'auteur des dessins. Voici cet avis, fort important pour l'histoire du peintre, puisqu'il nous fait connaître la date et le lieu de sa mort.

---

1. Seize de ces estampes sont décrites par Robert-Dumesnil. Les quatre autres, citées par Guilmard, représentent Hercule, Neptune, une nymphe courant et une femme figurant une source, sans doute Thétis et Hébé.

Jacobus Androuetius Ducerceau lectoribus S.

Cum nactus essem duodecim fragmenta structuræ veteris commendata monumentis a Leonardo Theodorico homine artis perspectivæ peritissimo qui nuper obiit Antuerpiæ, mihi visus sum operæ precium facturus, si ea in lucem emitterem, tum propter meum artis illustrandæ studium tum quod ejusmodi viderentur esse, ut omnibus studiosis antiquitatis non mediocrem utilitatem cum voluptate conjunctum afferre possunt(1). Quando vero non est meum inventum, nolui quicquam addere aut detrahere authoris descriptioni ne hominem debita laude meritaque fraudarem neve alienam viderer industriam vindicari velle. Quare si quam fructum hinc vos percepisse sensietis(1), ipsi Leonardo acceptum ferte. Solum a vobis postulo ut boni consulatis meam diligentiam in eis edendis, quæ usui vobis esse possunt. Valete. Aureliæ. 1550.

Mariette avait relevé cette inscription; mais trompé par la date de l'édition qu'il avait entre les mains, il indique à tort l'année 1565 comme étant à la fois l'époque où les planches ont été gravées et celle de la mort de Léonard[1].

Enfin nous avons à citer plusieurs suites de paysages, gravées par L. D. : L'enlèvement de Proserpine, en 12 planches; sur la première, on lit : *Leonardi Thyri, Belgæ, pictoris longè excellentiss. invetum.*

La fable de Calisto, aussi en 12 planches; la première porte la même inscription : *Leonardi Thyri, Belgæ, pictoris longè excellentiss. inventum.* Il existe encore plusieurs autres suites de paysages dont la plupart sont animés de sujets variés, présen-

---

1. *Abecedario*, t. V, p. 292.

tant tantôt des scènes mythologiques, tantôt des figures dans le costume du xvie siècle. Ces suites, gravées par L. D., analogues aux précédentes, sont peut-être du dessin de Léonard Thiry; mais elles ne portent aucune inscription.

Nous pouvons maintenant résumer en quelques mots tout ce que nous savons sur cet artiste : Léonard Thiry, peintre d'ornement et de paysage, originaire de Flandre, élève du Rosso, ayant travaillé à Fontainebleau de 1536 à 1550, mort à Anvers en 1550.

Pourquoi Léonard Thiry serait-il le graveur L. D.? Ses initiales seraient L. T. Pour lui appliquer la marque L. D., on a eu recours à deux hypothèses.

La première[1] consiste à dire que Thiry serait le nom francisé (?) d'un artiste flamand qui s'appellerait en réalité *Dietrich*. J'admets volontiers que Thiry, traduit en latin, donne *Theodoricus;* mais la mutation de Dietrich en Thiry, malgré l'autorité de Mariette, me paraît singulièrement audacieuse : elle n'est justifiée par aucun document, et le nom Dietrich n'apparaît nulle part.

La seconde hypothèse[2] consiste à supposer que Léonard Thiry serait originaire de Deventer en Hollande, et que, suivant un usage fréquent, l'artiste n'aurait conservé que son prénom et le nom de sa patrie pour s'appeler *Leonardus Daventrianus* ou *Daventriensis*, avec L. D. pour initiales. Remarquez qu'on ne rapporte pas l'acte de naissance de Léonard

---

1. Mariette, *Abecedario*, t. V, p. 293. — Robert - Dumesnil, t. VIII, p. 65, etc.
2. Brulliot, Passavant.

Thiry et que rien n'établit son origine à Deventer; ce renseignement n'est fourni par aucun document.

Il est vrai qu'une des estampes signées L. D. porte, en dehors de la signature du graveur, le mot : *davent*. Nous examinerons tout à l'heure ce qu'il faut en conclure pour le véritable nom de l'artiste; mais, pour le moment, contentons-nous d'écarter un argument qui consiste à affirmer que Léonard Thiry est né à Deventer, parce qu'une pièce gravée par L. D. porte le mot *davent*, alors que ce qui est en question, c'est l'identité de Léonard Thiry et de L. D.

La raison principale de l'attribution proposée par Brulliot est tirée des inscriptions mises au bas de deux estampes des suites de paysages gravées par L. D. Nous en avons donné le texte.

Que prouvent ces inscriptions ? Que Léonard Thiry est l'auteur des dessins qui ont été gravés. Rien de plus. Le mot *inventum* exclut toute autre participation de sa part. De même Léonard Thiry est l'auteur d'une suite gravée par Ducerceau ou sous sa direction ; il n'en est pas le graveur. De même encore Léonard Thiry ne saurait être confondu avec Réné Boyvin, parce que celui-ci a gravé des panneaux d'ornement et l'histoire de Jason d'après ses dessins. En dehors du mot *inventum*, qui, à lui seul, suffit à trancher le débat, on peut encore considérer que l'éloge hyperbolique, *pictor longè excellentissimus*, laisse supposer que le peintre est resté étranger à l'édition; on ne se décerne pas de tels compliments à soi-même.

Les raisons pour lesquelles on a voulu confondre Léonard Thiry et le graveur L. D. ne me semblent

donc pas bien sérieuses. Au contraire, les deux per-
sonnalités m'apparaissent absolument distinctes :
d'une part un peintre qualifié d'excellent, disciple du
Rosso, avec qui il travaillait, qui n'a laissé que des
dessins d'ornement et de paysage, d'autre part un
graveur qui a travaillé surtout d'après le Primatice
et dont l'œuvre comprenant les genres les plus divers,
sujets religieux, scènes historiques et mythologiques,
allégories, sculptures antiques, costumes, paysages,
s'explique par le hasard des commandes qu'il a
reçues.

Il y a d'ailleurs une raison décisive qui ne permet
pas de croire à l'identité de ces deux artistes.

Léonard Thiry est mort à Anvers en 1550 : nous
avons sur ce point le témoignage de Ducerceau. Or
l'une des estampes de L. D., représentant l'empereur
Marc Antoine offrant un sacrifice, est datée de 1565.
Dira-t-on que cette estampe, dans son premier état,
ne porte aucune inscription, et que la date a pu être
ajoutée par Lafreri, l'éditeur, avec son nom, lors de
la publication? C'est possible; l'année exprimée en
caractères romains ne semble pas, en effet, être de la
main du graveur qui se sert ordinairement de chiffres
arabes : mais cette réponse ne pourra pas être don-
née pour d'autres estampes, gravées dans les circon-
stances suivantes.

Vers la fin de l'année 1550, le sieur d'Aramon,
ambassadeur du roi de France auprès de Soliman,
empereur des Turcs, rentre en France. Puis, au
mois de mai 1551, il repart, accompagné de divers
gentilshommes, entre autres, de Nicolas de Nicolay,
seigneur d'Arfeuille, qui, dans tout le cours du

voyage, prend des notes et dessine les costumes des peuples visités. Revenu dans son pays, Nicolas de Nicolay fait curieusement graver en cuivre les dessins qu'il a rapportés, et son livre paraît à Lyon en 1567. Or, le graveur chargé de cette illustration, c'est précisément L. D. qui, sur l'une des planches, *Cadilesquer*, a inscrit la date de son travail : 1556. Il est ici tout à fait impossible d'essayer une explication, et Léonard Thiry, mort avant le départ de Nicolay pour les pays d'Orient, n'a pu graver les dessins que celui-ci a rapportés de son voyage.

§ 2. — Leo Daris?

C'est Heinecken qui, timidement, propose cette appellation lue sur une estampe représentant Vénus qui bande les yeux à Cupidon. Il se trouve que cette planche n'est pas l'œuvre de L. D.; elle est de Louis de Boulogne, le père, qui a fait suivre sa signature du nom de sa patrie, *Paris*, et non *Daris* (Robert-Dumesnil, Vente 1843, p. 4). L'hypothèse d'Heinecken doit donc être rejetée.

§ 3. — Christophe-Léon Davene?

Dans le *Dictionnaire des graveurs*, de Basan, t. I, p. 167, je lis : « Davene (Christophe-Léon), né » à Ostie en 1539, fut élève du Primatice dont il » grava quelques pièces; il en a aussi gravé quel-» ques-unes d'après Maître Rousse et autres pein-» tres italiens. »

Mais plusieurs des estampes de L. D. sont datées de 1540, 1546, 1547; leur auteur n'a pu naître en 1539. Les autres indications sont probablement aussi fantaisistes; elles ne sont appuyées d'aucune autorité.

§ 4. — LOUIS DUBREUIL?

Les Comptes des Bastimens fournissent les noms d'une assez grande quantité d'artistes ou d'artisans qui ont travaillé à Fontainebleau sous les ordres du Rosso et du Primatice. C'est là qu'on trouve Antoine Fantose (Fantuzzi), Dominique Florentin (del Barbiere) qui sont certainement des graveurs de l'École, Ruggieri, qui en est peut-être un. C'est là aussi que M. Renouvier a cherché les noms dont les initiales s'accorderaient avec les marques relevées sur les estampes : il a ainsi trouvé Jean Vignay, Jean Mignon, l'imager Just de Just qui sont peut-être en effet les auteurs de quelques-unes des planches classées jusqu'alors parmi les anonymes, faute d'attribution possible.

Si nous recourions au même procédé, nous pourrions être tentés de distinguer un homme dont les initiales correspondent au chiffre de notre graveur : c'est Louis Dubreuil, que Félibien et l'abbé Guilbert citent comme un des élèves du Rosso ayant travaillé à la galerie François Ier.

Louis Dubreuil apparaît dans le compte de 1540 à 1550, en compagnie de Noël Benemare, Philippe Poirrau, Anthoine Félix, Girard Josse « pour ou- » vrages de peintures, dorures et estoffemens aux

» poinçons, enhurures, enfestonneurs, clersvoyes et
» ès pendants de plomberie des pavillons, combles
» et édifices du dit Fontainebleau ». Puis de 1555
à 1565, Louis Dubreuil travaille au Louvre. Mais sa
qualité de maître peintre et les travaux dont il est
chargé laissent bien voir qu'il n'est qu'un peintre en
bâtiment, payé comme tel pour ouvrages de son mé-
tier. Quoique la distinction entre les artistes et les
artisans soit alors moins tranchée qu'aujourd'hui,
nous ne pouvons confondre le graveur L. D. avec un
simple barbouilleur.

Pourquoi d'ailleurs vouloir que son nom se trouve
nécessairement dans les *Comptes des Bastimens?*
Le graveur Réné Boyvin, qui a reproduit la plupart
des œuvres du Rosso, peintes au château de Fontainebleau, n'y est pas nommé non plus. Ces regis-
tres, sources de beaucoup de renseignements, ne
peuvent tout contenir.

§ 5. — Léon Davent?

Nous en sommes ainsi réduits à l'ancien nom de
Léon Davent, admis par l'abbé de Marolles, par
Florent Lecomte, par Bartsch. Voici comment il se
justifie :

Sous les n°s 6 à 9 de l'œuvre (n°s 77 à 80 du catalogue qui suit), Bartsch décrit ainsi une estampe de
L. D. : « Les apôtres regardent le Sauveur et la
» Sainte Vierge qui se trouvent l'un et l'autre dans
» une gloire d'anges. Grande pièce de quatre mor-
» ceaux destinés à être joints ensemble. D'après

» Jules Romain. Le morceau du côté gauche d'en
» bas représente sept apôtres renfermés dans une
» espèce de balustrade, d'où ils regardent en haut.
» A la droite d'en bas dans la marge est gravé L. D.
» *Lion*. Le morceau du côté droit offre six autres
» apôtres. A la droite de la marge d'en bas est
» l'année 1546 et à gauche on lit *davent*. » Bartsch
décrit ensuite les deux morceaux du haut, sur chacun
desquels se trouve la marque L. D. Telle est l'origine du nom Davent attribué au graveur.

Il est à remarquer que ces deux mots *Lion davent*,
quoique inscrits sur deux planches différentes, doivent être réunis pour la lecture par la juxtaposition
des deux morceaux, et qu'ils ne paraissent pas être
écrits par le graveur; il suffit de les comparer aux
inscriptions *Fontenubleau* et *Bologna* qu'on trouve
fréquemment sur d'autres estampes pour se convaincre qu'ils ne sont pas de sa main. Ils ne peuvent
indiquer ni le nom de l'éditeur, qui serait tout à fait
inconnu, ni le nom du peintre, puisque Jules Romain
est l'auteur du tableau, peint, d'après M. Renouvier,
dans la sacristie de l'église de la Madona dell'Anima,
à Rome, ni le nom du lieu. On pourrait être tenté
de reconnaître dans *Lion* la ville de Lyon, de rappeler que le livre de Nicolay, illustré par L. D., a
précisément été publié à Lyon, et d'ajouter qu'une
estampe, le n° 45, porte, après la marque du graveur,
un signe qui peut être pris pour L. G. Mais il resterait encore à interpréter *davent*.

L'explication la plus raisonnable est donc celle
qui consiste à voir dans ces deux mots le prénom et
le nom du graveur. S'il est inadmissible qu'il ait lui-

BIBLIOTHÈQUE NATIONALE IMPRIMÉS

même fait suivre sa marque ordinaire de son nom
tout entier, la chose devient possible si l'inscription
est le fait d'un tiers comme cela paraît probable, à
l'inspection de l'écriture.

Cette intervention étrangère diminue l'autorité que
l'on voudrait accorder à l'inscription, et le nom de
Léon Davent n'a rien de certain. Sans doute, notre
conclusion n'est pas faite pour satisfaire la curiosité :
mais il faut convenir que le mystère n'est pas éclairci,
et notre graveur ne peut être désigné que par ses
initiales : L. D.

Nous n'avons pas suivi, dans la rédaction de ce
catalogue, l'ordre ordinaire : sujets de l'ancien et du
nouveau testament, histoire, mythologie, etc. Pour
chaque graveur, la nature de son œuvre doit servir
de règle et de méthode. Comme L. D. est, avant
tout, le graveur du Primatice, c'est par les compositions de ce peintre que nous commençons, en les
groupant dans l'ordre des appartements du château
de Fontainebleau, autant que cela est possible. Puis
nous classons les planches d'après les autres peintres, et nous terminons par les antiquités, les costumes et les paysages. Pour les pièces déjà citées
par Bartsch et par Passavant, nous nous bornons à
une description sommaire ; pour les autres, nous
indiquons les collections où elles se rencontrent :
B. N. (Bibliothèque nationale à Paris); F. H. (collection de l'auteur); R. D. (catalogues des ventes de
Robert-Dumesnil).

NOUVEAU CATALOGUE DE L'ŒUVRE DE L. D.

D'APRÈS LE PRIMATICE

Fontainebleau. Porte dorée.

1. Bartsch, 44. Hercule combattant de dessus les vaisseaux des Argonautes. Sur un vaisseau on lit : *Bologna inventor*, et plus bas L. D. Largeur 343. Hauteur 233.

   La même composition existe en contre partie dans l'œuvre des anonymes de l'École de Fontainebleau (B. 65).

   Il existe aussi une copie par Goltzius, qui n'est pas décrite par Bartsch dans l'œuvre de cet artiste. A la place de l'inscription citée plus haut, on lit : *Rous. invet. Heinrich Golss fec.* L. 345. H. 225. (F. H.; R. D. 1862).

2. B. 50. Hercule couché auprès d'Omphale se réveillant à la lumière d'un flambeau. Les lettres L. D. sont marquées, vers la droite d'en bas. L. 410. H. 221.

3. B. 55. Hercule amoureux d'Omphale se laissant habiller en femme. Les lettres L. D. sont marquées à la droite d'en bas sur le piédestal d'un terme. Au milieu, on lit : *A Fontenubleau.* L. 434. H. 281. Même composition en contre partie, sans inscription, dans l'œuvre des anonymes de Fontainebleau. (B. 67)[1].

---

1. Deux autres tableaux du vestibule de la Porte-Dorée ont été gravés : *Un jeune homme porté entre les bras,* par F. G. (B. 1 des pièces douteuses de Georges Ghisi).

L'Aurore quittant Titon, par Fantuzzi (B. 7) et par M. de Caylus (à la Chalcographie).

D'après Mariette, c'est encore là que se trouvait le tableau représentant la construction des murs d'une ville, gravé par un anonyme (B. 40); mais on ne voit guère quel emplacement il pouvait occuper, au rez-de-chaussée. Peut-être était-ce une fresque de la chambre du premier étage, au-dessus du portail, dont il est plusieurs fois question dans les *Comptes des Bastimens.*

Galerie François Ier.

4. B. 40. Jupiter visitant Danaë. Les lettres L. D. presque imperceptibles sont marquées vers la droite d'en bas, au-dessous du pied de Danaë. Pièce ovale, au burin. Diamètres : L. 290; H. 215.

« Peint dans la galerie des Réformés, à Fontainebleau, qui est toute du Rosso, et le tableau me paraît bien aussi de luy. J'en ai pourtant veu le dessin chez M. Crozat, qui est bien incontestablement du Primatice, et cet ouvrage sera apparemment un de ceux qu'il fit après la mort du Rosso pour achever ce que celui-cy avoit commencé. » Note de Mariette.

A l'occasion de ce tableau, M. Champollion-Figeac raconte que le Rosso, pour plaire à Diane de Poitiers et au Dauphin, avait commencé à peindre dans la galerie une Diane figurant la Nymphe de Fontainebleau. La duchesse d'Étampes, prise de jalousie, aurait obtenu de François Ier que le tableau du Rosso fût effacé de son vivant, et remplacé par la composition du Primatice, représentant Danaë. C'est ainsi qu'il explique une estampe de René Boyvin, d'après le Rosso, figurant la Nymphe de Fontainebleau, dont la légende reproche à François Ier d'avoir laissé ce chef-d'œuvre inachevé et qui reproduit précisément les ornements exécutés pour le cadre de la Danaë.

Cette preuve n'est pas, par elle-même, décisive. Il existe une estampe de Fantuzzi (B. 34), où ces mêmes ornements servent de cadre à un paysage. Ducerceau les a aussi copiés dans un de ses cartouches de Fontainebleau. Il est très fréquent de trouver, dans l'École de Fontainebleau, des estampes reproduisant les ornements de la galerie de François Ier, disposés autour d'une composition différente de celle qui a été exécutée[1].

---

[1] Exemples : l'estampe de Fantuzzi (B. 30) reproduit l'encadrement de *L'ignorance et les vices chassés;* du même artiste, l'estampe (B. 33) reproduit celui de *Vénus châtiant l'amour,* etc.

Si l'histoire rapportée par M. Champollion-Figeac était véritable, il semblerait que le Primatice eût dû perdre tout crédit à l'avénement de Henri II. Or on sait qu'il n'en est rien, et Diane de Poitiers a permis au Primatice de rendre hommage à sa beauté, d'abord dans un tableau qui est aujourd'hui au Louvre après avoir appartenu pendant plusieurs années à la collection de Fontainebleau, où Diane est représentée nue, debout, puis dans un tableau de la galerie Henri II, et enfin dans deux autres compositions peintes à Fontainebleau, gravées par L. D. (n°s 33 et 34), où elle est représentée assise, toujours sous l'apparence d'une nymphe ou d'une déesse. Il est donc plus vraisemblable d'attribuer à la jalousie du Primatice, qui n'a pas voulu terminer l'œuvre de son rival après sa mort, qu'à l'inimitié des deux favorites, la substitution de la Danaë à la Diane, si tant est qu'elle ait été opérée[1].

5. B. 54 des anonymes. Jupiter et Sémélé. La marque L. D. que Bartsch n'a pas aperçue est sous le lit à gauche. Pièce ovale. Diamètres : L. 291. H. 210.

Le tableau était placé dans le cabinet attenant à la ga-

---

1. Le tableau de la Nymphe de Fontainebleau qu'on voit aujourd'hui en face de la Danaë est moderne ; il a été dessiné par M. Couder et peint par M. Alaux. Ce n'est pas seulement le tableau qui est moderne, c'est toute la décoration servilement copiée sur le panneau de la Danaë. M. Reiset (*Gazette des Beaux-Arts*, III, p. 198) et M. Champollion-Figeac (I, p. 151) semblent croire que cette décoration est du xvie siècle ; c'est manifestement une erreur. Il suffit de se reporter à la description du P. Dan pour apprendre qu'en cet endroit se trouvait la porte d'un petit cabinet. « Tout au-dessus de l'entrée de ce cabinet est un grand buste de relief représentant le portrait à demy corps du grand roy François porté par diverses testes de chérubins et aux costés il y a deux anges qui tiennent chacun la devise de ce prince. Outre que de part et d'autre sont deux grandes figures peintes sur un fond d'or, l'une représentant la Victoire, et l'autre la Renommée avec pareils embellissemens. » Voilà qui ne ressemble guère au groupe des trois Grâces. D'ailleurs comment pourrait-on admettre que dans cette galerie où chaque tableau a reçu une ornementation différente, où la variété est la règle, les mêmes figures eussent pu être répétées? La description de l'abbé Guilbert est conforme à celle du P. Dan, la Renommée a même été gravée par Dominique Florentin.

lerie de François Ier, dont la porte s'ouvrait en face du tableau précédent. On lui avait substitué un tableau de Louis Boulogne le jeune, représentant Minerve, déesse des Sciences et des Arts, le premier ayant été effacé, à ce qu'on m'a assuré, dit Mariette, « parce qu'il estoit traité d'une manière peu honnête »[1].

Le cabinet a lui-même disparu lorsqu'on a doublé la galerie, sous Louis XV et Louis XVI, au moyen de la construction qui contient les appartements dits de Napoléon Ier; il occupait à peu près l'emplacement de la salle de bains, à côté du cabinet de l'Abdication.

6. Jupiter et Sémélé. Sémélé est couchée, la tête à droite : deux enfants sont au pied du lit que Jupiter enjambe, en rejetant le bras gauche en arrière pour arrêter un char traîné par un aigle et portant le tonnerre. A gauche, en bas : *Bologna*, et au-dessous L. D. L. 276. H. 237 (B. N.).

Était-ce cette composition ou la précédente qui était peinte dans le cabinet de la galerie? La description du P. Dan est trop brève pour permettre de trancher la question; cependant, à cause de sa forme ovale, et du reproche d'indécence qui lui a été adressé, nous croyons que le n° 5 reproduit le tableau qui a été exécuté[2].

---

1. D'après Sauval, Anne d'Autriche, à son avènement à la Régence, fit brûler pour plus de cent mille écus de peintures à Fontainebleau. La Sémélé fut sans doute du nombre. Cependant, par une anomalie difficile à expliquer, Millin *(Voyage dans les départements du Midi,* t. I, p. 40) fait figurer la Sémélé parmi les tableaux de la Galerie, en 1807.

Il est probable qu'au moment de la construction des nouveaux appartements, sous Louis XV, on a transporté le tableau de Boulogne le jeune, représentant Minerve, de l'intérieur du cabinet détruit à l'extérieur, dans la galerie, où Jamin, Denecourt, tous les anciens guides du Château l'ont vu, et qu'alors on l'a encadré de moulages pris sur le panneau placé en face. Cette disposition est reproduite dans une lithographie d'Alf. Guesnu, publiée en 1840 dans les *Arts au moyen âge.*

Le tableau de Boulogne existe encore au Musée de Fontainebleau : il porte le n° 69 du livret de 1881.

2. Les autres tableaux de la galerie François Ier sont du Rosso et c'est principalement dans les œuvres de Boyvin et de Fantuzzi qu'il faut

L'appartement des Bains.

L'appartement des Bains était placé sous la galerie François Ier. Il se composait d'un cabinet voûté et de cinq salles dont la dernière, la plus vaste, fut le théâtre de la conférence tenue en 1600 entre Duperron, évêque d'Évreux, et Duplessis Mornay. Toutes ces pièces avaient été décorées du temps de François Ier, puis restaurées en 1597 par Henri IV. Le P. Dan, qui en donne une description assez détaillée, se borne pour les deux premières à dire qu'elles sont enrichies de plusieurs basses-tailles, peintures, moresques, grotesques et arabesques. Une tradition, dont Vatout s'est fait l'écho, veut que ces compositions aient offert un caractère particulièrement licencieux. C'est à ce titre que nous rangeons ici, comme dans une sorte d'Enfer, et tout à fait par hypothèse, les estampes suivantes :

7. B. 41. Nymphe mutilant un satyre. Les lettres L. D. sont vers la gauche du bas. L. 295. H. 160.

    Il existe une copie en contre partie par un anonyme. Le Louvre possède un dessin original du Primatice reproduisant le même sujet.

8. B. 66. Femme nue portée vers un satyre. Au milieu du bas L. D. 1547. L. 434, dont 10 de marge. H. 250, dont 14 de marge.

9. B. 67. Satyre porté par deux Faunes. L. D. à la gauche du bas. L. 406, dont 6 de marge. H. 240, dont 14 de marge. Bartsch attribue la composition de ces deux pièces au graveur lui-même.

10. Passavant, 71. Jupiter et Antiope. Au milieu du bas, les initiales L. D. L. 257. H. 166.

    La composition diffère de celle qui a été gravée par George Ghisi.

---

en chercher la reproduction. Les boiseries ont été gravées par Pierretz en 1648.

11. B. 54. Jupiter pressant les nuées. L. D. en petits caractères vers le milieu du bas. Pièce cintrée par le haut. L. 443. Diamètre de la H. 240.

« Je crois, dit Mariette, que ce morceau était dans un plafond de l'appartement des Bains qui ne subsiste plus ».

La chambre d'Alexandre.

12. B. 12. Alexandre domptant Bucéphale. On lit en bas *Bol* et un peu plus loin L. D. Sur les épreuves du second état, *F. L. D. ciartes excu.* Planche ovale. Diamètres : H. 363, dont 24 de marge; L. 238, dont 16 de marge.

13. Apelle peignant Alexandre et Campaspe. Le peintre occupe la droite de la composition et dessine de la main gauche le groupe formé par Alexandre et Campaspe. En bas, des urnes renversées sur l'une desquelles on lit : *Bologna* L. D. Planche ovale. Diamètres : H. 341 ; L. 240 (R. D. 1862 ; F. H.).

Le graveur de l'École de Fontainebleau qui signe I. ♀. V. a reproduit la même composition en l'entourant de divers ornements différents de ceux qui ont été exécutés (B. 2).

Un autre graveur de la même École, Io. MIGON, est l'auteur d'une planche qui offre, autour d'un ovale vide, les motifs de décoration dont ces médaillons sont encadrés (B. 126 des anonymes).

Les tableaux de la chambre d'Alexandre ont été peints par Nicolo dell' Abbate, sur les dessins du Primatice; il en est fait mention dans les *Comptes des Bastimens* de l'année 1570, quoique leur exécution doive être bien antérieure.

Dès l'année 1642, le P. Dan, après avoir énuméré quatre des tableaux de cette chambre, renonce à décrire les autres « dont les injures du temps en ostent presque » entièrement la connoissance, tant ils sont gastez ». Cent ans plus tard, l'abbé Guilbert ne réussit aussi qu'à distinguer les sujets de quatre compositions

L'attribution au Primatice, *Bologna*, par un graveur
contemporain, ne permet pas de reconnaître Le Rosso
comme l'auteur de la décoration de cette chambre[1].

Premier cabinet du roi (Salle du conseil).

14. B. 56. Vulcain et les Cyclopes occupés à forger des flè-
ches pour l'Amour. Les lettres L. D. sont gravées à la
gauche d'en bas. L. 450, dont 6 de marge; H. 328, dont
6 de marge.

La même composition a été gravée par F. G., classé
par Bartsch parmi les graveurs allemands mais que
Mariette appelle Guido Ruggieri, par un anonyme de
l'École (B. 71) et par Enée Vico (B. 31).

« Ce beau morceau de peinture qui ne subsiste plus
» était sur une cheminée du cabinet du roi à Fontaine-
» bleau. En l'abattant pour la moderniser, on a deffait
» impitoyablement ce qui y estoit peint à fresque et
» qui n'avoit pas de pris » (Mariette). Cette destruction
a du s'opérer, en 1713, lorsque Louis XIV a chargé
Claude Audran de la restauration de cette pièce.

15. B. 63. Des hommes assemblés autour d'un chameau. Au
bas de la droite est écrit : *Bol. inventeur à Fontainebleau*. L. D. L. 435. H. 320.

---

1. Les autres tableaux de cette pièce, qui ont été gravés, sont :
Alexandre recevant dans sa couche Thalestris, par I. ♀. V. (B. N. non
décrit).
Le festin de Babylone, par Domenico del Barbiere (B, 6).
Thalestris venant trouver Alexandre, par F. G. (B. T. IX. 3) que Ma-
riette prend pour Ruggieri.
La mascarade de Persépolis, par un anonyme, Jean Chartier d'après
Robert-Dumesnil (T. XI), ou L. D. d'après Heinecken, que nous croyons
dans l'erreur.
Alexandre donnant Campaspe en mariage à Apelle, par un anonyme
(B. 84).
Le *Nœud Gordien* est de l'invention du peintre restaurateur; nous avons
sur ce point le témoignage contemporain de Robert-Dumesnil, Vente 1838,
p. 6, et nous pensons qu'il en est de même de *Timothée,* dont M. Reiset
admirait la conservation.

La même composition a été gravée en contre partie par un anonyme de l'École (B. 92).

Le sujet me paraît être un épisode de l'histoire de Joseph ; Mariette croyait y voir les marchands israélites à qui Joseph fut vendu par ses frères. Sa place se trouve alors indiquée par le P. Dan, à côté du précédent tableau : « Ce qu'il y a de plus considérable sont deux » tableaux posés sur la cheminée qui est d'un beau » marbre ; l'un où sont plusieurs cyclopes et forgerons » qui battent sur l'enclume avec Vulcain et l'autre est » une histoire représentant Joseph comme ses frères le » sont venus visiter en Égypte, et sont ces deux tableaux » du sieur de Sainct Martin [1] ».

Pavillon de Pomone.

16. B. 43. Hommes et femmes cultivant un jardin au pied du terme de Priape. Sur le piédestal de la statue on lit : *à Fontenûbleau ;* les lettres L. D. sont marquées à la gauche d'en bas. L. 335. H. 334.

Note de l'abbé Guilbert, t. II, p. 93 : « Le corps du » bâtiment que l'on voit dans l'angle septentrional de ce » jardin, près de la galerie d'Ulysse, porte le nom de » Vertumne et de Pomone parce que les amours de ce » Dieu et de cette déesse ont été représentés en deux » tableaux à fraisque du dessin de Saint Martin. Il paroît » que l'un de ces deux tableaux pourroit représenter » un temple de Priape plutôt que le jardin de Ver- » tumne ; mais heureusement il est presque totalement » effacé. »

L'autre tableau a été gravé par Fantuzzi (B. 62 des anonymes).

---

1. Le Primatice avait encore peint sur les armoires de ce cabinet des figures représentant la Force, la Prudence, la Tempérance, la Justice et autres vertus morales. Elles ont été gravées, au xvii° siècle, par Antoine Garnier, et forment une suite de sept pièces, publiée chez Langlois. Sept vertus, c'était bien peu pour un grand roi comme Louis XIV ; aussi Claude Audran, chargé de la nouvelle décoration, a-t-il trouvé trente-cinq vertus

Grotte du jardin des Pins.

17. B. 69. Dessin d'une grotte. Les lettres L. D. sont marquées vers le haut, au-dessus de la porte du milieu. L. 535. H. 240.

Cette estampe rappelle la disposition de la façade du pavillon sur le jardin des Pins, qui subsiste encore et qui a fourni l'occasion de deux autres estampes, l'une de Fantuzzi (B. 35), l'autre d'un anonyme de l'École (non décrite).

L'estampe de Fantuzzi porte une inscription qui, d'après Passavant, indique formellement le Primatice comme l'auteur du dessin de la grotte ; de là à le considérer comme l'architecte, il n'y aurait qu'un pas. L'interprétation de Passavant est très contestable ; aussi n'entendons-nous pas trancher ici la question de savoir quel est l'architecte qui a construit cette partie du château de Fontainebleau, ni intervenir dans la controverse qui s'est élevée sur ce point, dans la *Gazette archéologique*, entre M. Palustre et M. Molinier. Mais il nous a paru que la planche de L. D., reproduisant une façade du palais, ne pouvait être mieux rangée qu'à cette place, à la suite des appartements.

Fontainebleau. Autres appartements.

Nous sommes loin d'avoir parcouru toutes les pièces du château décorées par les artistes du xvi⁰ siècle. Ainsi nous n'entrons pas dans la galerie Henri II, qui subsiste encore aujourd'hui, et dont L. D. semble n'avoir rien gravé ; nous n'avons rien à dire de la galerie d'Ulysse, de la chambre de saint Louis, de l'ancienne salle du conseil, de la Laiterie ou My-voie. Les estampes que nous allons énumérer reproduisent cependant des compositions peintes au château ; les inscriptions *Bologna,*

à glorifier, dans des camaïeux, dont l'abbé Guilbert donne la description. L'œuvre d'Audran a disparu, à son tour, sous Louis XV, pour faire place à la décoration actuelle, qui est de Boucher.

et *à Fontainebleau* le prouvent. Mais il n'est pas possible de les identifier avec les descriptions très incomplètes qui nous sont parvenues.

18. B. 29. Eusope ornant le taureau de couronnes de fleurs. A la droite d'en bas : *Bologna*. L. D. H. 234, dont 5 de marge ; L. 215, dont 5 de marge.

Mariette en possédait le dessin original.

19 à 30. B. 16 à 27. Junon, Vénus, Pallas et les neuf Muses. Suite de 12 estampes. Chacune des pièces est marquée en bas : *Bologna*. L. D. ; l'une d'elles, celle qui représente Euterpe, porte en outre l'inscription, à *Fontenûbleau*, qui n'a pas été relevée par Bartsch.

Ces compositions paraissent concourir à la décoration de panneaux cintrés ; elles ont été copiées par un anonyme qui serait, d'après Robert-Dumesnil, B. Bos (vente 1862). Les copies portent : *Bologne inventeur à Fontainebleau*, des inscriptions latines et le nom de la Déesse ou de la Muse en grec : neuf portent en outre un numéro.

Voici les dimensions des estampes originales et des copies :

	ORIGINAUX.	COPIES.
19. Junon . . .	H. 223. L. 173.	H. 212. L. 175. Sans nº
20. Vénus . . .	H. 232. L. 171.	H. 227. L. 165. Id.
21. Pallas . . .	H. 225. L. 158.	H. 230. L. 157. Id.
22. Calliope . .	H. 213. L. 165.	H. 230. L. 169. Nº 9.
23. Terpsichore	H. 224. L. 178.	H. 226. L. 166. Nº 5.
24. Erato . . .	H. 223. L. 174.	H. 230. L. 170, Nº 6.
25. Polymnie. .	H. 214. L. 174.	H. 227. L. 167. Nº 7.
26. Uranie[1] . .	H. 231. L. 174.	H. 229. L. 170. Nº 8.
27. Clio. . . .	H. 220. L. 173.	H. 220. L. 172. Nº 1.
28. Euterpe . .	H. 233. L. 165.	H. 225. L. 160. Nº 2.
29. Thalie . . .	H. 217. L. 173.	H. 218. L. 175. Nº 3.
30. Melpomène.	H. 213. L. 158.	H. 191. L. 141. Nº 4.

---

1. Celle-ci a été copiée aussi par un anonyme de l'École de Fontainebleau (B. 56).

31. B. 34. Bellone assise sur des trophées. Dans un demi-cintre. Au milieu d'en bas : *Bologna* L. D. L. 206. H. 150.

32. B. 35. Mars assis sur des trophées. Dans un demi-cintre, faisant pendant avec le précédent. Au milieu d'en bas : *Bologna.* L. D. L. 203. H. 153.

Cette pièce et la précédente ont été copiées par Ferdinand, sans marque. A la B. N., on a placé ces copies, je ne sais pourquoi, dans l'œuvre du Rosso.

33. B. 37. La nymphe de Fontainebleau sous les traits de Diane de Poitiers. Sans marque. L. 258. H. 145.

Bartsch, dans sa description, dit simplement : une nymphe de fontaine.

34. B. 39. Diane se reposant des fatigues de la chasse. C'est encore Diane de Poitiers. Vers la droite, les lettres L. D. et au milieu de la marge d'en bas, *A Fontainébleau.* L. 283. H. 152; dont 5 de marge.

35. B. 61. Un jeune homme buvant de l'eau que lui présente une femme (Rebecca et Eliézer). On lit au milieu d'en bas *A Fontennebleau.* Les lettres L. D. à la droite d'en bas. Pièce cintrée. H. 295. L. 270.

La même composition a été gravée par un anonyme de l'École de Fontainebleau (B. 31).

36. B. 62. Deux vieillards couverts de manteaux. A la droite d'en bas : *Bologna.* L. D. L. 302. H. 248.

37. B. 11. Scipion l'Africain faisant rendre une femme à son mari. Sur le bord d'une cuve on lit : *Bologna.* L. D. Pièce ovale. Diamètres : H. 318. L. 210.

38. B. 64. Des chiens assaillant un cerf. A la gauche d'en bas : *Bologna.* L. D. L. 348. H. 242.

D'APRÈS LE PRIMATICE (suite).

39. B. 4 des anonymes. L'ange du Seigneur arrêtant le bras d'Abraham. Sur une pierre : *Placavit Deum obedientia.* Sans marque. H. 328. L. 416.

L'attribution à L. D. est proposée dans le catalogue Destailleurs.

40. B. 2. Le Sauveur délivrant les ancêtres des limbes. L. D. au milieu d'en bas. H. 356. L. 284.

41. B. 5. Le nom de Jésus exprimé par les lettres I. H. S. à rebours formées par des colonnes entortillées de vignes. Sans marque. L. 293. H. 180.

L'attribution au graveur vient de Mariette.

42. B. 13. Camille arrivant au moment où les Romains se rachètent du pillage. Dans le coin gauche d'en bas : L. D. L. 390. H. 283.

43. B. 10. Cléopâtre se donnant la mort. L. D. au milieu du bas, sous le pied de Cléopâtre. H. 288. L. 161.

44. B. 28. Groupe de deux femmes nues ayant près d'elles l'Amour. Au bas, à droite, les lettres L. D. accompagnées d'un monogramme. H. 219. L. 116.

Mariette y a vu un G, pouvant signifier Gallus; cela peut aussi vouloir dire L. G. *Lugdunum*, Lyon.

45. B. 30. Vénus debout en avant d'un siège. L. D. à droite sur une des barres du siège. H. 275. L. 170.

Il y a des épreuves portant la marque de l'éditeur Visscher : I. C.V. *exc*.

46. B. 33. Jupiter et les autres divinités portant, comme attributs, des branches d'arbre. Dans un cartouche en bas, on lit : *Arborum genera numinibus suis dicata perpetuo servantur ut Jovi æsculus, Apollini Laurus, Minervæ olea, Veneri mirtus, Herculi populus. Plin Lib XII.* 1547. L. D. H. 435, dont 35 de marge. L. 300, dont 20 de marge.

Le dessin est attribué à Luca Penni par Heinecken.

47. B. 38. Cinq nymphes assises dans une campagne. L. D. en petits caractères à la gauche du bas, sur une pierre. L. 268. H. 194.

Pièce rare, qui manque à toutes les collections que nous avons consultées.

48. B. 42. Cadmus combattant le dragon. L. D. au milieu du bas. L. 313. H. 247.

49. B. 45. Deux satyres faisant marcher un âne. L. D. vers la gauche du bas. L. 350. H. 194.

50. B. 53. Une femme offrant un sacrifice au Dieu Terme. L. D. à la gauche du bas. L. 450. H. 220.

51. B. 57. L'amour en l'air tirant une flèche dans le cœur d'Apollon. La marque L. D. se voit au milieu du bas sur une tablette. L. 465. H. 330.

Bartsch attribue cette composition à Jules Romain : elle a été copiée par un anonyme qui l'a restituée au Primatice par cette inscription dans la marge du bas : *Franc. Primaticci* (B. N. œuvre du Primatice, et F. H.).

52. B. 59. Pygmalion. L. D. à droite, sur le piédestal de la statue. H. 234. L. 127 (B. N., et F. H.).

Bartsch n'a connu qu'une contre épreuve : sa description doit donc être corrigée, en mettant à droite ce qu'il met à gauche et réciproquement.

53. Passavant, 72. Eros et Antéros. A la droite du bas : L. D. L. 255. H. 150.

Il existe une copie par Ferdinand, de dimensions à peu près égales, mais sans marque. L. 255. H. 155 (F. H.).

54. B. 63 des anonymes. Cinq amours qui se jettent des pommes. Sans marque. L. 140. H. 108.

L'attribution au graveur est proposée par Bartsch.

55. B. 101 des anonymes. Un jeune homme ailé sonnant du cor. Sans marque. H. 250. L. 152.

L'attribution de Bartsch est admise par le catalogue Destailleurs.

56. Deux prisonniers, les mains enchaînées derrière le dos, sont conduits vers la droite par deux soldats armés de casques, lances et boucliers. Sans marque. H. 231. L. 173 (B. N., œuvre du Primatice).

57. B. 14. L'empereur Marc Antoine offrant un sacrifice. Les lettres L. D. sont marquées à droite, au bas de l'autel. A gauche, en bas on lit, 74, et à droite 75. L. 485. H. 270.

Sur les épreuves du second état, on lit une inscription

latine commençant par *His et talibus*, le nom de l'éditeur, *Ant. Lafreri formis Romæ* et la date MDLXV. Dans cet état, la planche rognée d'environ 8 millimètres en largeur ne laisse plus voir que le chiffre 7 à droite.

Un troisième état porte l'adresse d'un nouvel éditeur: *Petri de Nobilibus*.

Bartsch dit que ce morceau tiré de la colonne Antonine est gravé sur un dessin du Primatice.

58. B. 36. Une déesse parlant au gardien de plusieurs taureaux. L. D. au milieu du bas. On lit dans la marge : *Cum privilegio regis*. L. 217. H. 168.

Le dessin est du Rosso, d'après Heinecken; du Primatice, d'après Bartsch.

D'APRÈS LE ROSSO.

59. B. 1 des anonymes. Dieu le père assis sur un globe. Pièce cintrée. L. 450. Diamètre en H. 228. Sans marque.

Attribution à L. D. proposée par le catalogue Destailleurs.

60. B. 103 des anonymes. Jeune femme debout tenant un rameau d'olivier. En bas, à droite, *Rous Floren. inven.;* à gauche, *cum privilegio regis.* H.416. L.264. Sans marque.

L'attribution à L. D. proposée par Bartsch est admise par le catalogue Destailleurs. Nous inclinerions à donner cette pièce à Réné Boyvin.

Heinecken et le catalogue Destailleurs attribuent encore à L. D. une estampe anonyme représentant un des tableaux de la galerie de François Ier : *Les effets de la piété filiale*, gravée aussi par Réné Boyvin. Nous préférons suivre l'opinion de Robert-Dumesnil, qui, dans un catalogue de décembre 1856, la donne à Fantuzzi.

Ainsi deux estampes seulement, trois au plus d'après le Rosso, contre cinquante-huit d'après le Primatice! Et encore le graveur n'y a-t-il pas mis sa marque et l'attribution reste-t-elle douteuse. Est-ce là l'œuvre d'un disciple du Rosso?

D'après Luca Penni.

61. B. 47. Adonis mourant. Au bas de la gauche sont les lettres L. D. H. 277. L. 390.

62. B. 48. Adonis et ses chasseurs poursuivant un sanglier. Ovale dans un rectangle. Au milieu de la marge du bas : L. D. 1547.
    Dimensions de la planche. L. 405. H. 323.
    Dimensions du rectangle. L. 395. H. 312.
    Dimensions de l'ovale, en diamètres. L. 376. H. 285.

63. B. 49. Diane et ses nymphes poursuivant un cerf. Ovale dans un rectangle. Au milieu de la marge du bas, L. D. 1547.
    Dimensions de la planche. L. 400. H. 331.
    Dimensions du rectangle. L. 390. H. 320.
    Dimensions de l'ovale en diamètres. L. 344. H. 292.
    Dans un deuxième état, la planche a été rognée au trait ovale, qui entoure la composition. Voici ses dimensions en diamètres. L. 350. H. 302 (F. H.).

64. B. 65. Plusieurs hommes occupés à la pêche. Ovale dans un rectangle. Au milieu de la marge du bas : L. D. 1547.
    Dimensions de la planche. L. 390. H. 322.
    Dimensions du rectangle. L. 379. H. 312.
    Dimensions de l'ovale, en diamètres. L. 343. H. 296.
    Le dessin de cette composition est attribué par Bartsch au Primatice. Nous croyons que les nᵒˢ 63, 64, 65 font partie d'une même suite et sont du même maître. Heinecken les donne tous au Primatice.

65 à 72. Les péchés capitaux, suite de huit estampes.
    65. Une femme tenant un glaive et une balance, reliée par la ceinture à sept chaînes qui prennent au cou des personnages symbolisant les sept péchés capitaux. En haut, *Confringe eos in virga ferrea.* Dans le milieu de la marge du bas, en deux lignes : *Sub pennis ejus tutus*

ero, *L. Pennis*[1]. Ovale, sans les ronds accessoires qu'on remarque sur les autres pièces de la suite, dont celle-ci est en quelque sorte le titre.

Dimensions de la planche. L. 420. H. 310.
Dimensions de l'ovale. L. 290. H. 260 (F. H.).

66. B. 104 des anonymes. L'Orgueil.

67. B. 105 des anonymes. L'Avarice.

68. B. 106 des anonymes. L'Impudicité.

69. B. 107 des anonymes. L'Envie.

70. B. 108 des anonymes. La Gourmandise.

71. B. 109 des anonymes. La Colère.

72. B. 110 des anonymes. La Paresse.

Toutes ces planches présentent la même disposition : une composition ovale, au milieu, et quatre ronds accessoires aux angles. Sans marque.

Dimensions de la planche entière. L. 460. H. 300.
Dimensions de l'ovale, en diamètres. L. 290. H. 260.
Diamètre des ronds. 94.
L'attribution à L. D. est faite par Robert-Dumesnil (vente 1862) et par Renouvier.

73. B. 52. Mars et Vénus servis à table par l'Amour et les Grâces. Au bas, à droite, les lettres L. D.
L. 437, dont 7 de marge. H. 292, dont 4 de marge.

74. Passavant, 70. Tarquin et Lucrèce. A la gauche du bas, les initiales D. L. H. 269. L. 214.

75. B. 96 des anonymes. Bataille. Sans marque. L. 430. H. 238.
Attribution proposée par le catalogue Destailleurs.

D'APRÈS JULES ROMAIN.

« Le Primatice et plusieurs des peintres italiens qu'il avoit fait venir en France pour travailler sous luy à Fontainebleau et ailleurs avoient étudié sous Jules

---

1. Jeu de mots sur le nom de l'auteur.

Romain et travaillé même avec lui au Palais du T. Ils avoient apporté avec eux des desseins de tous les bons ouvrages que Jules Romain avoit faits dans ce palais : cela est tout naturel. Voilà donc pourquoi on trouve tant de planches gravées en France d'après les ouvrages de J. Romain par les anciens Maîtres qui travailloient à Fontainebleau. » Mariette.

76. B. 4. Sainte Madeleine portée au ciel par des anges. L. D. vers le milieu du bas. H. 328. L. 268.

« La Ste Madeleine portée au ciel par des anges est d'après Jules Romain qui l'a peint à fresque dans la voûte d'une chapelle qui est dans l'église de la Trinité du Mont à Rome, dans la lunette du côté de l'épître. » Mariette.

Bartsch attribue le dessin au Primatice.

La même composition, en contre partie, a été gravée par un anonyme de l'École de Fontainebleau (B. 30).

77 à 80. B. 6 à 9. Les apôtres regardant le Sauveur et la Sainte Vierge qui se trouvent l'un et l'autre dans une gloire d'anges.

Le morceau de gauche, en bas, porte dans la marge du bas à droite : L. D. *Lion*. L. 560, dont 5 de marge. H. 380, dont 10 de marge.

Le morceau de droite, en bas, porte dans la marge du bas, à gauche, *davent*, et à droite *1546*. L. 547. H. 383, dont 6 de marge.

Les deux autres morceaux du haut sont marqués L. D. vers le milieu. L. 533. H. 396.

L. 545. H. 402.

D'après Heinecken, le Primatice serait l'auteur du tableau.

81. B. 15. Le corps mort de Patrocle retiré du combat. L. D. vers le milieu du bas. L. 585. H. 353.

Le même dessin a été gravé par Diana Sculptor (B. 35) et par Fantuzzi (B. 51 des anonymes).

82. B. 46. Psyché puisant de l'eau dans la fontaine gardée par
des dragons. On lit à la gauche du bas : *Julius inventor*.
A droite, les lettres L. D. dans une petite tablette. Pièce
cintrée par le haut. L. 395. H. 205.

Composition peinte dans le palais du T. à Mantoue.

83. B. 55 des anonymes. Dispute d'Apollon et de Marsyas.
Sans marque. Pièce ronde. H. 328. L. 323.

Attribution proposée par le catalogue Destailleurs.

84. B. 60. Jeune femme qui pleure. L. D. dans une tablette à
la droite du bas. Gravure au burin. H. 277. L. 194.

Le dessin est attribué à Jules Romain par Bartsch, et
au Primatice par Heinecken.

D'après le Parmesan.

85. B. 1. La Sainte Vierge assise. L. D. au milieu du bas.
H. 242. L. 183.

86. B. 3. Jésus-Christ guérissant dix lépreux. Sans marque.
L. 403. H. 285.

87. B. 58. Jeune femme habillée à l'antique, vue de profil. A
mi-hauteur du côté gauche sont marquées les lettres
L. D., surmontées d'un monogramme comprenant, non
les lettres MAR, comme le dit Bartsch, mais I M R. Vers
le milieu du bas : 1540. H. 165. L. 115.

Même composition par un anonyme de l'École de
Marc Antoine (B. xv, p. 47) et par A. Quesnel.

88. Circé donnant de la main droite un breuvage aux compa-
gnons d'Ulysse. L. D. à gauche en bas. Pièce ronde.
Diamètre, 224 (B. N.).

La même composition a été gravée en contre partie
par Fantuzzi (B. 6).

D'après Raphaël.

89. B. 68. Danse de trois faunes et de trois bacchantes. L. D.
vers le haut de l'estampe. Pièce cintrée par le haut.
L. 491. H. 174.

C'est la copie en contre partie d'une estampe d'Augustin Vénitien d'après un dessin de Raphaël (B. 250), ou peut-être d'après l'antique.

D'APRÈS L'ANTIQUE.

90. B. 31. Statue de Jupiter. L. D. vers la droite en bas. H. 277. L. 147.

91. B. 32. Statue de l'Apollon du Belvédère. L. D. au-dessous du pied gauche d'Apollon. A la droite du bas *n° 2* et I. C. V. ex., marque de l'éditeur, Visscher. H. 286. L. 161.

92. B. 51. Des amazones se défendant contre plusieurs guerriers. L. D. au milieu du bas. L. 421, dont 6 de marge. H. 187, dont 5 de marge.

93. Une muse, statue de femme tournée à droite. Elle a le bras gauche appuyé sur une colonne, et sa main, dont les doigts sont écartés, est élevée à la hauteur du visage. La marque L. D. est au bas de la colonne. H. 221. L. 93 (B. N.; R. D. 1838; F. H.).

94. Statue de femme d'après l'antique ; elle est tournée à gauche, enveloppée dans une longue robe ; ses bras sont mutilés. Les lettres L. D. sont à ses pieds vers la gauche. H. 214. L. 104 (F. H.)

95. Deux statues d'après l'antique (R. D. Vente 1862, n° 32).

COSTUMES.

96 à 156. Suite de soixante et une planches pour illustrer l'ouvrage intitulé : Les quatre premiers livres des Navigations et pérégrinations orientales de N. de Nicolay, Dauphinoys, seigneur d'Arfeuille, varlet de chambre et géographe ordinaire du Roy. Avec les figures au naturel tant d'hommes que de femmes selon la diversité des nations et de leur port, maintien et habitz. A Lyon, par Guillaume Rouille. Avec privilège du Roy. 1567 ou 1568. In-folio. Le privilège est du 9 mars 1555.

3

L'auteur, dans sa dédicace au Roy, n'annonce que soixante figures, et c'est en effet ce nombre que l'on trouve dans la plupart des exemplaires ; mais quelques-uns contiennent en outre la *Delli de nation parthique qui signifie fol hardy ou enfant perdu*, à pied.

Le livre de Nicolay a été ensuite publié à Anvers, en 1576, par Guillaume Silvius, simultanément en plusieurs langues, accompagné de 60 gravures sur bois, copies des eaux fortes de L. D. : ces gravures portent diverses marques, entre autres celle d'Assuérus von Londersel.

Puis, dans une traduction en italien de Francesco Flori, da Lillo, arithmetico, publiée à Venise, en 1580, par Francesco Ziletti, les eaux fortes originales ont été copiées par un graveur au burin anonyme qui a ajouté sept planches, probablement d'après les dessins de Nicolay que L. D. n'avait pas utilisés.

Voici le détail de la suite, d'après les titres gravés en haut des planches. Dans le premier état, les fonds sont restés blancs ; dans le second état, ils sont ombrés. On trouve des exemplaires coloriés à la main. H. 270. L. 170 à 180.

[1.] *Femme More d'Alger en Barbarie allant par la ville.*
Marque en bas à gauche.

[2.] *Fille Moresque esclave en Alger, ville de Barbarie.*
Marque en bas à gauche.

[3.] *Femme de l'isle de Malthe.*
Marque en bas à gauche.

[4.] *Femme moresque de Tripoly en Barbarie.*
Marque en bas à droite.

[5.] *Femme de l'isle de Chio.*
Marque en bas à gauche.

[6.] *Fille de l'isle de Chio.*
Marque en bas à droite.

[7.] *Fille de l'isle de Paras en l'Archipolaque.*
Marque en bas à gauche.

[8.] *Grand'Dame turque.*
Marque en bas à droite.

[9.] *Gentille femme turque estant dans leur maison ou sarail.*
Marque en bas à gauche.

[10.] *Femme vestue à la Surienne.*
Marque en bas à droite.

[11.] *Femme turque vestue à la Moresque.*
Marque en bas à gauche. Cette marque figure aussi sur la planche
correspondante de l'édition italienne; il ne faut pas en conclure
que le graveur L. D. en est l'auteur.

[12.] *Turque allant au bain.*
Marque en bas à droite.

[13.] *Femme Turque allant par la ville.*
Marque en bas à gauche.

[14.] *Femme Turque menant ses enfants.*
Marque en bas à droite.

[15.] *Gentill' Femme Perotte franque.*
Marque en bas à gauche.

[16.] *Femme d'estat grecque de la ville de Péra.*
Marque en bas à gauche.

[17.] *Fille d'estat grecque de la ville de Péra.*
Marque en bas à droite.

[18.] *Azamoglan ou Jamoglan enfant du tribut.*
Marque en bas à gauche.

[19.] *Azamoglan rustique.*
Marque en bas à gauche.

[20.] *Janissaire allant à la guerre.*
Marque en bas à gauche.

[21.] *Janissaire ou Janissarler soudart à pied de la garde
ordinaire du grand seigneur.*
Marque en bas à droite.

[22.] *Boluch Bassi, capitaine de cent jannissaires.*
Marque en bas à gauche.

[23.] *Aga, cappitaine général des jannissaires.*
Marque en bas à gauche.

[24.] *Solachi ou Solacler, archer ordinaire de la garde du grand Seigneur.*
Marque en bas à droite.

[25.] *Peich ou Peicler, laquais du grand seigneur.*
Marque en bas à droite.

[26.] *Habit et manière antienne des Peichs ou laquais du grand seigneur.*
Marque en bas à droite.

[27.] *Plevyanders luytants.*
Deux marques, l'une au milieu, l'autre à droite, en bas.

[28.] *Plevyanders luyteurs.*
Marque en bas à gauche.

[29.] *Les yvrongnes. Azamoglan. Leventi. Azappi.*
Deux marques, l'une à droite, l'autre à gauche, en bas.

[30.] *Cuisinier turc.*
Marque en bas à droite.

[31.] *Médecin juif.*
Marque en bas à droite.

[32.] *Villageois grec.*
Marque en bas à droite.

[33.] *Cadilesquer.*
Marque en bas à droite. Au milieu, 1556.

[34.] *Giomailer, religieux turc.*
Marque en bas à gauche.

[35.] *Calender, religieux turc.*
Marque en bas à gauche.

[36.] *Dervis, religieux turc.*
Marque en bas à droite.

[37.] *Torlaqui, religieux turc.*
Marque au milieu du bas.

[38.] *Religieux turc.*
Marque en bas à droite.

[39.] *Emir, parent de Mahommet.*
Marque en bas à droite.

[40.] *Pellerins mores revenans de la Mecque.*
Marque en bas à gauche.

[41.] *Sacchaz de nation Moresque porteur d'eau pèlerin de la Mecque.*
Marque en bas à droite.

[42.] *Gentilhomme persien.*
Marque en bas à droite.

[43.] *Femme persienne.*
Marque en bas à droite.

[44.] *Marchand arabe.*
Marque en bas à droite.

[45.] *Esclave more.*
Marque en bas à droite.

[46.] *Delly qui signifie fol hardy* (à cheval).
Marque en bas à gauche.

[47.] *Delli de nation Parthique qui signifie fol hardy ou enfant perdu* (à pied).
Marque en bas à droite. C'est la planche supplémentaire, qui manque souvent et n'a pas été copiée dans les autres éditions.

[48.] *Femme de Caramanie.*
Marque en bas à gauche.

[49.] *Marchant juif.*
Marque en bas à droite.

[50.] *Marchant arménien.*
Marque en bas à gauche.

[51.] *Marchant ragusii.*
Marque en bas à gauche.

[52.] *Fante de Raguse ou porteur de lettres.*
Marque en bas à droite.

[53.] *Femme d'estat grecque de la cité d'Andrinople, ville de Thrace.*
Marque en bas à gauche.

[54.] *Femme turque de moyen estat en chambre.*
Marque en bas à gauche.

[55.] *Fille de joye turque.*
Marque en bas à droite.

[56.] *Femme juifve d'Andrinople.*
Marque en bas à droite.

[57.] *Fille juifve d'Andrinople.*
Marque en bas à droite.

[58.] *Femme de Macédoine.*
Marque en bas à droite.

[59.] *Gentilhomme grec.*
Marque en bas à droite.

[60.] *Marchant grec.*
Marque en bas à droite.

[61.] *Villageoise grecque.*
Marque en bas à gauche.

PAYSAGES.

157 à 168. Passavant 73 à 84. Les amours de Pluton et de Proserpine, suite de douze estampes chiffrées 1 à 12 au milieu de la marge du haut.

Deux états : le premier, avec les inscriptions en latin, dans la marge du bas; le second avec les inscriptions en latin et en français : de ces dernières nous ne donnerons que celles que nous avons pu relever. L. 225. H. 132, y compris 17 pour les marges du haut et du bas. Nous apportons aux descriptions de Passavant quelques petites rectifications.

[1.] Vénus, à droite, donne l'ordre à l'Amour de percer le cœur de Pluton, qu'on voit à gauche sur son char. Légende : *Plutonem, Veneris jussu, ferit arte Cupido. Leonardi Thiry, Belgæ, pictoris longe excellentiss invelum.*

[2.] Pluton, sur son char, au-dessus des nuages, enlève Proserpine qui répand des fleurs sur ses compagnes. Légende : *Ex Pergusa stocantem rapit ad sua tartara Pluto.* Marque à la gauche du bas.

[3.] Quatre nymphes ailées se plongent dans les eaux; deux volent dans les airs. Légende : *At nympharum Hecates scapulis timor addidit alas.* Marque à la droite du bas.

[4.] Pluton, toujours sur son char, avec sa proie, descend dans son royaume : il change en fontaine la nymphe Ciane. Légende : *Plutonis Cianes aditum, non terra negavit.*

[5.] Cérès assise à la porte d'une cabane, adossée contre des ruines, reçoit à boire de la vieille Baubo, accompagnée du jeune Stellio. Légende : *Stellio fit Cererem irridens puer : illa sitibat.*

Légende en français : *Vn enfant qui se moquoit de Cerès qui avoit soif fut changé en lésard.*

[6.] Sur la gauche, la nymphe Ciane montre à Cérès la ceinture de Proserpine. Légende : *Ostendit Cereri Cianes quod nata reliquit.*

Légende en français : *Ciane montre à Cérès ce que sa fille a laissé.*

[7.] Sur la malédiction de Cérès, un des deux bœufs qui traînent une charrue tombe sur ses genoux. Légende : *Devastat siculos frugum dea funditus agros.*

[8.] La nymphe Aréthuse, dont on ne voit que le buste, vers la gauche, renseigne Cérès sur le sort de Proserpine. Légende : *Hic Arethusa docet Cererem, Proserpina quo sit.*

Légende en français : *Aréthuse apprend à Cérès où est Proserpine.* Marque à la gauche du bas.

[9.] Cérès porte plainte à Jupiter dans l'Olympe, qui occupe la gauche du haut de l'estampe. Légende : *Ad gemitus Cereris flectuntur numina Olimpi.*

[10.] Proserpine cueille un fruit dans les jardins de Pluton. Légende : *Tartareos gustans fructus Proserpina visa est.*

[11.] Proserpine change Ascalphe en hibou. Légende : *Detulit Ascalaphus Hecaten, fit noctua ditis.* Marque à la gauche du bas, sur un tronçon de colonne.

[12.] Jupiter, au milieu de l'Olympe règle le différend entre Pluton et Cérès. Légende : *Ditis ac Cereris componit Jupiter iras.*

Il ne serait pas impossible que la plupart de ces compositions aient été peintes dans la chambre de saint Louis. Voici ce que rapporte l'abbé Guilbert : « Les principales actions d'Ulysse, avant son voyage de

Troyes, dessinées par saint Martin et peintes à fresque par Nicolo sont le sujet de sept tableaux qui décorent cette chambre. Au-dessous de ces tableaux les mêmes maîtres ont représenté à fraisque l'enlèvement de Proserpine sur de petits cadres de stuc ».

« Sous le premier tableau, la nymphe Ciane montre à Cérès la ceinture de Proserpine sa fille et lui fait connaître la route qu'elle a tenue ». (Comp. n° 6.)

« Au-dessous du 2ᵉ tableau les sirènes filles d'Acheloüs sont changées en oiseaux pour chercher Proserpine sur terre et sur mer. » (Comp. n° 3.)

« Au-dessous du 4ᵉ tableau, les nymphes compagnes de Proserpine s'opposent à son enlèvement. » (Comp. n° 2.)

« Au-dessous du 5ᵉ tableau, Pluton enlève Proserpine. » (Comp. n° 4.)

« Au-dessous du 6ᵉ tableau, Cérès, mère de Proserpine, change Stelles en lézard, pour s'être moqué d'elle. » (Comp. n° 5.)

« Au-dessous du 7ᵉ tableau, Proserpine irritée contre Ascalaphe, le change en hibou. » (Comp. n° 11.)

Lorsque l'abbé Guilbert rédigeait cette description, la Chambre avait déjà subi des modifications qui avaient entraîné la disparition de quelques tableaux. L'attribution au Primatice et à Nicolo n'exclue pas la participation de Léonard Thiry, qui travaillait avec eux.

169 à 180. Pass. 85 à 96. La fable de Calisto. Suite de douze estampes chiffrées. Mêmes dispositions et mêmes dimensions.

[1.] Jupiter aperçoit du ciel l'embrasement dont Phaéton fut la cause. Légende : *Jupiter, à cœlo, Phaetont incendia visit. Leonardi Thiry, Belgæ, pictoris longe excellentiss inventum.* A gauche, *cum privilegio regis.*

[2.] Calisto recevant les embrassements de Jupiter, à l'ombre d'une forêt, à la droite du bas. Légende : *Ab jove, per sylvas errans, compressa Calisto.*

[3.] Le maître des Dieux remonte dans l'Olympe. On le voit de dos, à la gauche du haut. Légende : *Prægnantem ut sensit, superas conscendit ad auras.*

[4.] Diane découvre la grossesse de Calisto. La déesse se baigne dans une rivière : un groupe de nymphes occupe le bas du côté droit. Légende : *Non patitur Diana scelus, reiicit q. Calistum.* Marque vers le milieu du bas.

[5.] Calisto met au monde Arcas. Junon paraît au ciel, à gauche. Légende : *Arcadem in sylvis peperit, hinc percita Juno.*

[6.] Junon terrasse Calisto ; son char est resté dans un nuage, à droite. Légende : *Consternit illam pugnis, mortem que minatur.* Les lettres L. D. à rebours, vers le milieu du bas.

[7.] Junon à droite, descendue de son char, parle à Calisto, à gauche, sous la forme d'un ours. Légende : *Verbera dum cessant, facta est mox Ursa Calisto.*
Légende en français : *Junon quand elle cessa de la battre, Calisto fut changée en ourse.*

[8.] Calisto, en ours, debout sur ses pattes de derrière, implore Jupiter, dont on ne voit que le rayonnement. Légende : *Ingemit Ursa nephas, cælumq. ululatibus implet.*
Légende en français : *L'ourse se plaint de l'indignité de cette action et remplit l'air d'hurlements.*

[9.] Jupiter reçoit l'ours au ciel. Arcas occupe le milieu du bas de l'estampe. Légende : *Forte Arcas Ursam perimit. Hunc Jupiter audit.* Marque à gauche, à l'angle du bas.

[10.] Tous les dieux réunis sur les nuages, regardent la constellation nouvelle brillant en haut, à droite. Légende : *Collocat in cælum Ursam, atq. inter astra reponit.* Marque à l'angle gauche, en bas.

[11.] Junon, sur son char, dans les nuages, parle à Neptune, sur le sien, traîné par les chevaux marins. Légende : *Comitat ob scelus hoc Neptunia numina Juno.*

[12.] Junon rentre dans l'Olympe. Légende : *Hinc cælum redit.
Est mala mens sibi conscia recti.*

La fable de Calisto a été très en faveur au château de
Fontainebleau, pendant le XVIᵉ siècle. Une gravure au
burin anonyme, attribuée à Georges Ghisi, qui représente Jupiter plaçant au ciel Calisto changée en ours
porte cette inscription : *A Fontana Bleo Bol.*

Une autre, cataloguée par Robert-Dumesnil, sous le
nᵒ 73 de l'œuvre de Réné Boyvin, répond tout à fait à la
description d'un tableau de l'appartement des Bains par
Cassiano del Pozzo¹ « nelle lunette di essa (camera) vi
sono dipinte di mano, dicon del Primaticcio, le favole
dell' innamoramento di Giove a Calisto. Appare l'innamoramento in forma di Diana, et per far accorger il
pittor dell' inganno da banda fa spuntar da pie della
finta Diana l'aquila et sotto il piedi una maschera. »

Le voyageur italien cite ensuite d'autres compositions
qui s'accordent assez bien avec quelques-uns des sujets
de la suite précédente. Elles représentent le bain et la
grossesse (nᵒ 4), la poursuite de Junon (nᵒ 6), le chan-
gement en ours de Calisto chassée par son propre fils
(nᵒ 9), la nouvelle constellation (nᵒ 10). D'après le P. Dan,
ces peintures étaient de Dupérac.

181 à 192. Pass. 97 à 108. Autre suite de douze paysages,
numérotés de 1 à 12 dans le milieu de la marge du haut,
sans inscriptions. L. 233 à 239. H. 155 à 165, dont 1 à 3
de marge. On trouve des épreuves avant les numéros.

[1.] Orphée sous un arbre jouant du violon de la main gauche
et domptant tous les animaux. A gauche un éléphant.
Marque à la droite du bas.

La même composition existe, en contre partie, par un
anonyme de l'École de Fontainebleau. L. 215. H. 200
(F. H.).

---

1. Journal publié par M. Eugène Müntz dans les *Mémoires de la Société
de l'histoire de Paris et de l'Ile de France*, 1885.

[2.] Adonis à la chasse. A gauche, l'Amour conduit Vénus
sur un pont. Marque à la droite du bas.

[3.] Diane se reposant de la chasse s'appuie sur un cerf. Au
milieu, fontaine monumentale. Marque, à la gauche du
bas, sur une pierre.

[4.] L'enlèvement d'Amymone. Le satyre qui l'a saisie traverse
un pont pendant que les autres nymphes s'enfuient vers
la gauche. Marque à la droite du bas.

[5.] Vénus et l'Amour, assis sur un lit de repos, pendant que
les Grâces et les nymphes font de la musique.

[6.] Romulus et Rémus allaités par la louve, près d'une ruine,
à droite. Marque sur une pierre, à droite.

[7.] Tombeau composé de quatre arcs et d'un sarcophage. A
droite, un obélisque. Marque à la gauche du bas, près
d'un chien.

[8.] Satyre pêchant dans un ruisseau, à genoux sur une planche. Au milieu, quatre petits satyres dansant. Fontaine
à droite.

[9.] Niobé est étendue, blessée, à la gauche du bas. En haut,
Diane. Marque à droite, tout en bas. L'exemplaire de la
B. N. porte dans la marge du bas les lettres s. d. à
rebours, sans doute une marque d'éditeur, que nous
retrouverons quelquefois.

[10.] Plusieurs nymphes faisant de la musique, à droite.

[11.] Plusieurs petits amours dont l'un est assis en haut d'un
tronc d'arbre, à gauche. A droite, sur un pont, deux
hommes tournant le dos. Marque peu distincte, au milieu, sur une pierre.

[12.] Le terme de Priape fustigé par deux petits Génies. Beaucoup d'autres enfants animent la composition au centre
de laquelle s'élèvent deux colonnes unies par un archi-
trave. Marque à la droite du bas (B. N., les lettres s. d.
dans la marge du bas; F. H. sans ces lettres).

193 à 204. Pass. 109 à 120. Autre suite de douze paysages. Mêmes dimensions.

[1.] Un homme armé d'un sabre fait un geste vers une femme qui fuit du côté gauche : de ce côté, un homme et une femme assis enlacés. Marque à la gauche du bas.

[2.] Paysage sans figures. A droite un château fort. Au milieu deux arbres qui s'élèvent jusqu'à la bordure : deux lapins à leur pied. Marque au milieu du bas, vers la gauche.

[3.] A droite, en haut d'une ruine est debout un porte-drapeau à qui un soldat offre à boire; sur le premier plan, deux autres soldats.

[4.] Musiciens, les uns sur la rive, les autres en bateau. Marque à la droite du bas, sur une pierre.

[5.] Un fauconnier avec une dame à cheval accompagnée d'un laquais se dirige vers la droite.

[6.] Une ville incendiée dont quelques habitants s'échappent. Marque, à gauche, près de quelques broussailles.

[7.] Deux cerfs et un faon près d'un arbre. A gauche, deux paysans conduisent un âne. Marque à la gauche du bas.

[8.] Au milieu de ruines plusieurs enfants qui se baignent sont effrayés par un serpent. Un autre se montre sans gêne du haut du pont. Marque vers la gauche du bas. (R. D. 1838, épreuve portant s. D. à rebours dans la marge du bas.)

[9.] Plusieurs dames et cavaliers contemplent une joûte sur l'eau. Sur le devant, à droite, un mendiant avec un chien.

[10.] Des cavaliers et des dames s'avancent vers une espèce de gondole. A gauche deux femmes portant des fruits. Marque à la droite du bas.

[11.] A gauche, deux nautonniers conduisent une barque dans laquelle sont assis deux seigneurs. Au premier plan, un berger et son troupeau. Marque à la droite du bas.

[12.] A gauche, dans une prairie, plusieurs hommes et femmes dansent en rond au son d'une cornemuse : la mer à l'horizon. Marque à la droite du bas.

205 à 218. Autres paysages, sans numéros ni inscriptions.
Mêmes dimensions.

205. Un marais occupe les premiers plans. Du sein d'une
touffe de joncs, à droite, s'élance un serpent monstrueux
à la vue duquel des grenouilles et des volatiles s'enfuient
effrayés. Marque, à gauche, sous un saule (B. N., F. H.,
R. D. 1838 dont l'épreuve portait, dans la marge du bas,
les initiales s. d. à rebours.)

206. Paysage avec ruines et chutes d'eau. A gauche, un dieu
marin saisit une femme qui s'enfuit. D'en haut un amour
décoche une flèche. Marque imperceptible, vers la gauche. (B. N., F. H.)

207. Paysage montueux. Maisons à gauche. Ville à droite.
Petit pont à gauche. Au milieu des chasseurs. En haut,
deux oiseaux. (B. N.)

208. Paysage montueux. En haut, un moulin à vent. Sur la
droite, un cavalier armé suivi de son chien. Marque au
milieu du bas. (B. N., F. H.)

209. Paysage montueux. Au premier plan, des pêcheurs à la
ligne. Dans le fond, à droite, une ville. A gauche, un
gibet. Marque, à gauche. (B. N., F. H.)

210. Ronde d'enfants dansant devant un couple assis à droite
près d'un piédestal, sur la base duquel se trouve la
marque du graveur. (F. H.)

211. Au milieu un grand arbre, au pied duquel un berger joue
du chalumeau. Son chien se dresse devant lui. La marque
est vers le milieu du bas. (B. N., F. H.)

212. Paysage en largeur avec ruines et obélisques. Sur le devant, trois fleuves appuyés sur leurs urnes. (F. H.,
épreuve portant les initiales s. d.)

213. Ruines. A gauche, un chasseur agenouillé tire sur des
grues. Dans le fond, à droite, un cerf s'enfuit. (F. H.,
initiales s. d. retournées.)

214. Paysage avec ruines. A droite, un homme et une femme se dirigent vers une porte. Marque dans la marge du bas touchant le trait carré. (F. H., initiales s. D. retournées.)

215. Paysage avec ruines. Plusieurs hommes tirant à l'arc dans les fossés des fortifications. Marque imperceptible au milieu du bas. (F. H.)

216. L'enlèvement de Proserpine. A droite, un fleuve; à gauche, une source. Dans le ciel, Vénus et l'Amour. (F. H.)

217. Quatre nymphes dansent avec des boucliers. Deux satyres jouent du chalumeau et du cornet. Fontaine, à gauche. (F. H.)

218. Enfants jouant près d'une fontaine, dont l'eau coule d'une rigole; l'un d'eux, à droite, sort de l'eau en portant une herbe. (F. H.).

219. Grand paysage en largeur avec ville, village, rivière. Au bas, à gauche, un homme s'avance, le bâton sur l'épaule, précédé de son chien. L. 365. H. 275. (F. H.; R. D. mars 1862, n° 36, site des environs de Fontainebleau.)

220. Grand paysage en largeur; vers la droite se voit un obélisque. (R. D. mars 1862, n° 37.)

221. Vestiges de monuments somptueux, parmi lesquels on remarque, à droite, un temple en rotonde, précédé d'une pyramide cachée en partie par des atterrissements et à la gauche du fond deux colonnes triomphales et un obélisque. Sur le premier plan, à gauche, sont deux figures assises, vues de dos. L. 227. H. 127, dont 10 de marge. (R. D. déc. 1854.)

Appendice.

222. D'après Renouvier. Diane sur un char traîné par des cerfs, escortée des nymphes, emmenant les amours enchaînés. (Cabinet de Berlin.)

223. D'après Renouvier. Le vase de Silène.

224. D'après Renouvier. Le portrait de Michel Ange à xxiii ans, figure de fantaisie, assise et renversée près d'une fenêtre. (R. D. 1862, qui classe la pièce parmi les anonymes.)

225. D'après Renouvier. Portrait de Charles IX, assis sur un pliant, en costume de cour, un manteau jeté sur l'épaule gauche : l'indicateur de la main droite passe dans un cordon suspendu au cou.

Si ce portrait est réellement du graveur l. d., c'est une nouvelle preuve qu'il ne peut être identifié avec Léonard Thiry, mort en 1550, dix ans avant l'avènement de Charles IX au trône.

226. D'après Renouvier. L'enlèvement d'Hélène. (R. D. 1862, parmi les anonymes.)

Le catalogue de la vente faite après le décès de Robert-Dumesnil, en 1864, attribue à notre graveur une pièce intitulée Vertumme et Pomone. S'il s'agit de l'estampe décrite par Bartsch sous le n° 62 des Anonymes de l'École de Fontainebleau, elle appartient incontestablement à Fantuzzi.

Le catalogue de la vente Delbecq attribue aussi à l. d. un Saint Paul, qui, d'après Robert-Dumesnil (t. XI, p. 84), est de Geoffroy Dumoustier.

Enfin on trouverait encore dans Heinecken diverses attributions que nous n'avons pas cru devoir accepter.

FONTAINEBLEAU. — E. Bourges, imp. breveté.

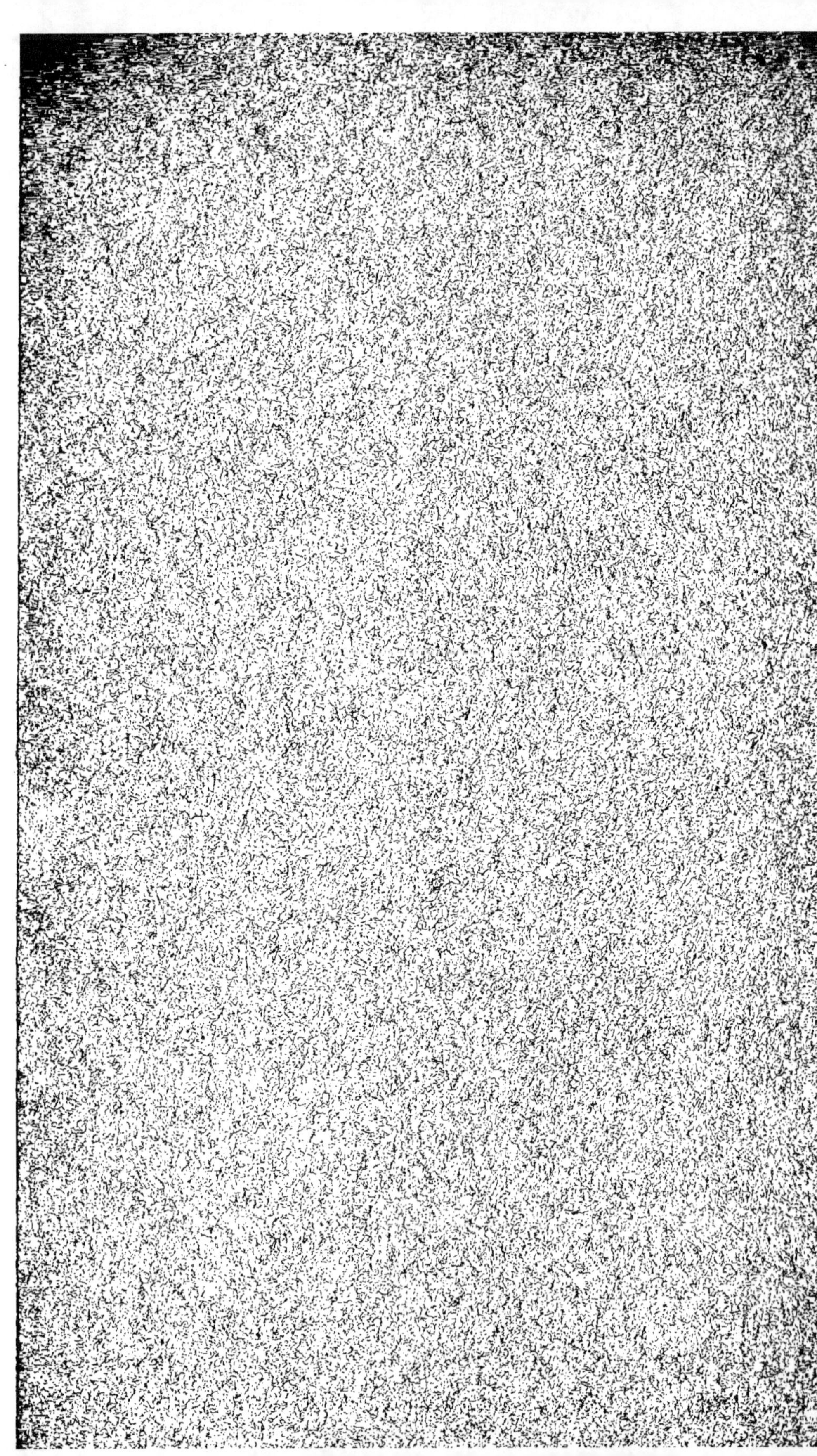

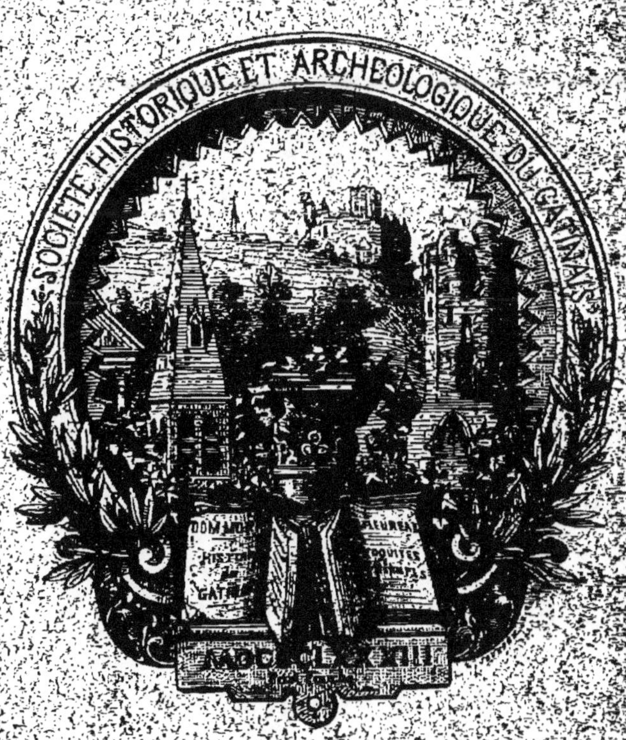
SOCIÉTÉ HISTORIQUE ET ARCHÉOLOGIQUE DU GATINAIS
MDCCCLXXXIII

www.ingramcontent.com/pod-product-compliance
Lightning Source LLC
Chambersburg PA
CBHW051149050726
47594CB00003B/1313